Para mudar um dia ruim

Dolly Ray

V&R Editoras

Tem dias que são

*#+ç@#!

E fazem com que nos perguntemos:

Por que fui levantar

da cama hoje?

Um dia ruim
pode começar
cedo,
com o som agudo
e ensurdecedor do despertador
perfurando os tímpanos.

Meu conselho: jogue esse aparelho
contra a parede
e continue dormindo!

Depois você se olha no espelho
do banheiro e se pergunta,
com horror:
O que aconteceu
com meu cabelo?!

Há duas opções:
escondê-lo com um chapéu
ou cortá-lo rente,
como o de um bebê.

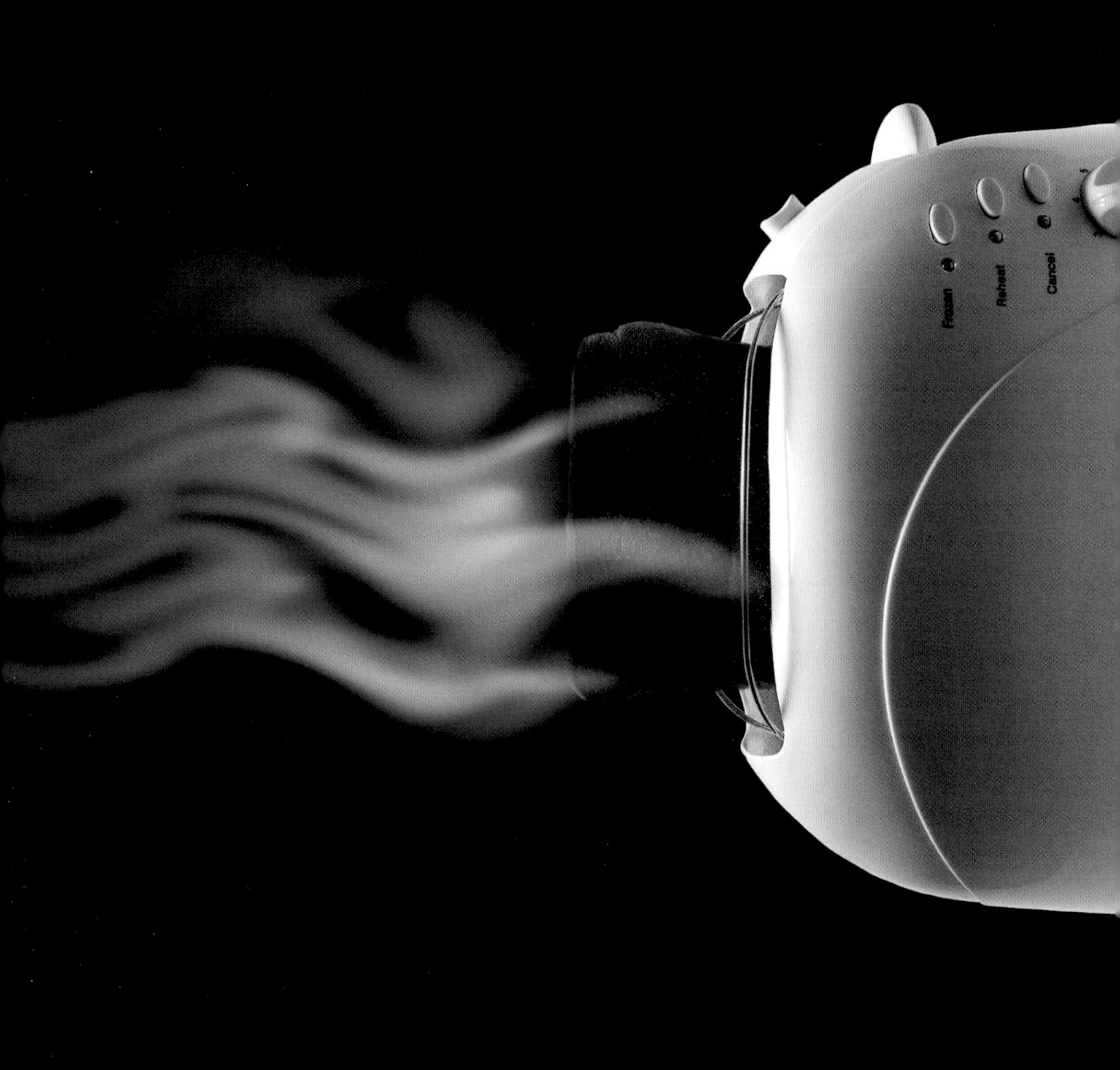
Frozen
Reheat
Cancel

De repente, você sente cheiro
de queimado...
O leite ferveu e a torrada
virou carvão!
Adeus, café-da-manhã!

Calma:
beba um suco de laranja ou...
volte para a cama, esconda
a cabeça debaixo do travesseiro
e continue dormindo.

Vai para a rua e...

está chovendo.

Essa idílica cena

de dançar feliz debaixo da chuva

só acontece nos filmes!

Se uma tempestade

pega você de surpresa,

recolha suas asas, pegue um chapéu,

sorria e continue

caminhando...

Em cima da hora de novo!

...e fura o pneu do seu carro.

Conte até dez,

inspire profundamente

e depois grite o máximo

que seus pulmões permitirem.

Isso libera tensão

e fará com que alguém, assustado,

corra para ajudar você.

Quer um **remédio infalível**
para um dia ruim?

Converse com alguém.
Criticar melhora o humor
e levanta a auto-estima!
Vamos, **desabafe.**
Diga o que pensa de todo mundo...
Não guarde nada!

Há dias em que até
a **maior** pessoa
se sente muuuuuuuuuito pequena.

Que isso
não impeça você de apreciar
as coisas extraordinárias
que possui!

Se sofre de estresse

e, ainda por cima, começou uma dieta,

não há nada melhor

que interromper... a dieta.

Sim! Coma **chocolate!**

Delicie-se de corpo e alma!

As endorfinas baterão,

felizes, à sua porta.

Perdeu tudo?

Ficou sem um centavo?

Ligue para a casa de seus pais:

lá, a hospedagem

e a comida sempre...

são grátis.

É difícil se
movimentar?
É duro fazer exercício?
Não se culpe...
O esporte pode matar!

É muito mais seguro
ficar na cama
assistindo à tevê.

5
10

Hoje está sem vontade
nenhuma de trabalhar?
Cansou de ser mais uma
engrenagem da rotina?

Não se preocupe!
Você não é original:
isso acontece com todo mundo
de vez em quando.

Azar no **amor**?

Sorte

com dinheiro!

(Dificilmente a sorte abandonará você nas duas coisas ao mesmo tempo...)

Seus colegas de trabalho
enchem o saco...
seu chefe, hoje, está mais exigente
que nunca...

Sugestão?
Relaxe durante dez minutos
e faça de conta que não está
ouvindo ninguém.

Todo mundo está nadando
no **mar azul** de alguma
praia ou descansando
debaixo das **palmeiras**...
e você aí, em casa.

O que mais pode querer?
A cidade é toda sua!
Saia e conquiste-a!

Muitas festas?

A diversão acabou, mas resta

a dor de cabeça?

Uma bolsa de gelo...

e adeus, bebedeira.

Como sempre,

a fila que você escolheu

no caixa do supermercado

não anda.

Calma.

Você pode empurrar, sorrir

ou provar, enquanto aguarda

sua vez, alguns

petiscos

que compensem a espera.

Esqueceu as chaves
de casa no trabalho?

Que maravilha!!!

Será uma **desculpa perfeita**
para passar a noite em um bom hotel
ou uma oportunidade para aprender
a pular muros.

Não chegou a tempo

em seu compromisso de trabalho,

esqueceu de uma reunião importante...

Socorro!

Alguém me ajude!

Procure um novo emprego.

Afinal de contas,

já era hora de mudar...

HELP
alt

O mau humor é contagioso.

Mas o riso também!

Se hoje você se sente cercado

de caras sérias,

conte uma piada...

e mude

o clima do dia.

Se, apesar de tudo,
o mundo parece armar um complô
contra você, existe uma solução:

Mostre suas garras!

(Mesmo que só estrague uma almofada,
sua fúria vai diminuir.)

Está triste?

A melancolia tomou conta de você?

Ninguém te ama?

Snif!

Um pouco de autocompaixão

faz bem...

Mas se você realmente quer
transformar um dia ruim...
convide alguns **amigos**,
ponha sua **música** favorita
e prepare-se para **curtir** com eles.

O mundo espera por você.
E o melhor
está sempre por vir!

Direção de arte: Trini Vergara
Edição: Lidia María Riba
Tradução (alemão/espanhol): Mariana Magnus
Tradução (espanhol/português): Sandra Martha Dolinsky
Revisão: Carmen Garcez
Fotos: Sebastián Izquierdo

Título original: For bad days.

www.livropresente.com

Rua José Felix de Oliveira, 1205 - CEP 06708-645
Granja Viana - Cotia - São Paulo
Tel./Fax (55 11) 4612-2866
e-mail: editoras@livropresente.com.br

ISBN 978-85-7683-165-5

Impresso no Uruguai por Pressur Corporation S.A.
Printed in Uruguay

Ray, Dolly
Para mudar um dia ruim / Dolly Ray;
[tradução do espanhol Sandra Martha Dolinsky].
Cotia, SP Vergara & Riba Editoras, 2008.
(Sorria) Título original: For Bad Days.

ISBN 978-85-7683-165-5

1. Auto-ajuda 2. Bom humor 3. Meditações
4. Otimismo 5. Qualidade de vida I. Título.
II. Série.
08-07675 CDD-158.1